AF370891

DISCOVRS MERVEILLABLE, D'VN DEMON A-MOVREVX, LEQVEL A POVSSÉ VNE IEVNE DA-MOYSELLE A BRVSLER VNE RICHE

Abbaye, & couper la gorge à sa propre Mere.

A PARIS,

Chez Philippe du Pré, Imprimeur Libraire Iuré en l'vniuersité de Paris, demeurant ruë des amandiers à l'enseigne de la Verité.

cIɔ. Iɔ. CV.

DISCOVRS
MERVEILLABLE,

d'vn Demon amoureux,
qui à pousié vne ieune
Damoyselle à bruslervne
riche Abbaye, & cou-
per la gorge à sa propre
Mere.

E ne pretends point fai-
re icy vn ample discours
des Demons æriens de
nature amoureuse, de
leurs associations, illu-
sions & tromperies vers les Hommes,
ny traiter de la question si les Sorciers peuuent auoir copulation char-
nelle auec les Diables, comme La-
mies, Succubes & Hysialtes. Ou si

les Sorciers en leurs Sabbats, dans
ou ailleurs, peuuent estre congnuz
par ces faux Esprits, Syluains, Satyres
& Esialtes, dits incubes, me remettant à ce qu'en ont traité I. Bodin en
sa Demonomanie, & Pierre Loyer
en ses Spectres, tous deux hôneur de
la Prouince Angeuine, & auant eux
Iacques Spranger Allemand, Paul
Grilland Italien, autheurs des Liures
des marteaux des Sorciers & Enchâ-
teresses, & sur tous Delrio en ses re-
cherches magicques. Ausquels liures se voyent les Hystoires & parti-
culiaritez, iusques aux procez, con-
fessions, Interrogatoires, recollemés,
confrontations, decrets, & Iugeméts
contre eux, & celles qui ont aoué
en Iustice s'estre accomplies par salle
volupté auec l'ennemy de nos corps
& Ames. L'affirmatiue de ceste
question ne pourroit plus estre reuo-
quée en doute estant decidée entre
autres, par ceste grande lumiere de
l'Eglise, Sainct Augustin liure quin-
ziesme de la Cité de Dieu, ou il dit,

que c'eſt impudence de nier que
quelques Demons, que les Gaulois
appelloyent Druſiens, ayent prati-
qué leurs impudics attouchements
auec certaines Femmes. Ce qui à
eſté ſuiuy de toute lantiquité contre
Caſſian:meſmes par Iſidore,&Sainct
Thomas d'Aquin ſur le ſiziefme de
Geneſe, & Origene plus ancien au
troiſiefme de Principes, ou apres a-
uoir parlé des ventriloques, il reſout
que quelques vnes ont eſté inueſties
des leur tendre ieuneſſe par des Demons Pithoniques.

D'ou il ſemble que les Anglois
ayent puyſé l'origine & naiſſance de
leur Prophete Merlin, ſans lequel
(ce dit Philippe de Commines) ils
n'entament iamais nul propos & affaires. Et les rapports que nous font
les Autheurs des deſcouuertes Indes
Occidentales,eſcriuent que ces Bar-
bares tenoyēt pour certain que leur
Dieu Kokoto couchoit auec les
femmes. N'eſtans les faux Dieux de
ce pays là, autres que vrais Diables

qui plus sont couſtumiers de con-
uerſer auec eux, & les tourmenter en
ces brouillards d'ignorance. Comme
de fait nous auons veu de noſtre
temps qu'en certains endroits de
l'Allemagne, Suiſſe & Bailliage de
Geneue, par les liures & procez ver-
baux, que Dameau & autres de leur
ſecte en ont fait Imprimer & publier,
il s'eſt trouué plus grand nombre de
Sorciers & Sorcieres qui y ont fait
mille rauages & deſordres, dont on
n'a peu ſe deſenger qu'en les execu-
tant par les viues flames, pource que
la ou on s'eſt eſloigné du Soleil de la
vraye Religion, le Prince des Te-
nebres y à plus de moyen d'exercer
ſa Tyrannie, luy eſtant laſchée la bri-
de par la permiſſion diuine, ſans laquelle il n'auroit point puiſſance
d'entrer dans vn ord & chetif trou-
peau de pourceaux.

7.

LE mal'heur dont i'entends parler eſt aduenu depuis peu de iours ſur les conſins de Lorraine & Baſſigni, en vne des plus Nobles & anciennes maiſons du pays, & en la perſonne d'vne ieune Damoyſelle & Religieuſe, de laquelle on ne pourra pas dire que ce ait eſté pour le peché de ſes parents, ains d'elle ſeule, & affin que le mal ſoit puny, & comme dit l'Euangile en toute ſorte Dieu ſoit glorifié.

Côme d'vn bon Arbre il peut bien naiſtre entre autres bons, quelques mauuais fruicts, & ne ſe trouua onc Grenade ſi ſaine & entiere qu'il n'y euſt quelque grain pourri.

Ainſi du tres concordant Mariage du Sieur & Dame de Vannes, ſont iſſus ſix enfans, quatre maſles & deux femelles, tous dignes de ſi bon Pere & Mere, fors l'aiſnée nommée Françoiſe, qui à eſtrangement degeneré: Car comme elle fut doüée d'excellente beauté corporelle, & apres

A iiij

l’aage de d'ouze ans elle futrecher-
chée en Mariage de pluſieurs Gentils-hommes ſortables à elle & à ſa
maiſon : La mere portoit volontiers
l’oreille à l’vn de ces partis pour ſa
Fille, ſi le Pere y euſt voulu condeſ-
cendre, lequel pour tenir ſa maiſon
en grandeur , s’eſtoit propoſé de
mettre tous ſes Enfans (fors l’Aiſné,
& le Cadet) en Religion.

Enquoy de ſa part il y pourroit
auoir eu quelque petite faute, eſtant
pourueu de biens ſuffiſans . Car il
poſſedoit plus de douze mille liures
barroiſes de reuenu annuel, en belles
terres, & Seigneuries : & ſi il tiroit
bien autant de gages & appointe-
ments de ſa Majeſté : comme gou-
uerneur de la Ville de Tonjou. Il à
fait & continué de bons, & fidelles
feruices à ceſte Couronue : il regar-
doit peut eſtre de trop prez aux grandes bonbances, & exceſſiues deſpen-
ces, que les filles d’auiourd’huy font,
quand il eſt queſtion de lescolloquer
par mariage. Pour lequel conclurre
la ieu-

la ieuneſſe ſe laiſſe pluſtoſt prendre,
à la pecune, qu'à la Nobleſſe, alli-
ances vertu, ou bonnes mœurs: Mais
s'il y à lieu d'excuſe pour quelques
vns, c'eſt pour les Gentils-Hommes,
auſquels il faſché de forligner, & ra-
batre de leur ſplendeur ancienne.

Ce qui pourroit aduenir, ſi parta-
geant eſgalement de leurs biens à
tous leurs Enfans, comme il à fait
en ces pays là : Meſmes aduançant
les filles, qui comme vne mauuaiſe
herbe, ne croiſſent que trop toſt: Ils
ſe dénuent de leurs biens, ne faiſant
aucun aduantage à l'Aiſné, qui doic
perpetuer le nom, & les armes. Ceſte
affectiõ de ſe maintenir en honneur,
pouuoit eſtre pardonnable, en vn
Gentil-Homme de ſi bonne maiſon:
Car ledit Sieur de Vannes eſt du
nom, & Armes de Bugniuille, & ſa
Femme eſtoit du Chaſtelet, toutes
deux de l'ancienne Cheualerie, &
fort renommée.

Ainſi donc pour eſpargner les
frais, la reſolution eſt priſe de s'en

deffaire, & la mettre en vne Abbaye de Dames, nommée Neuf-chaftel, fondée par deffunte Madame Renee de Bourbon, de la Royale famille de Mont-penfier, femme du bon Duc Anthoine de Lorraine : & qui foit pour fa grandeur des baftiments, & ftructure de l'Eglife, foit en bonnes fondations & reuenus, reffentoit bien la magnificence de fa fondatrice.

La eft conduite fœur Françoife (aagée de treize ans) contre fon gré, & à fon grand regret, comme l'aduenement la bien monftré, n'ayant efté poffible aux maiftreffes des nouices, de luy faire apprendre fon petit feruice, & le chant de l'Eglife, non pas feulement à l'ire.

Apprenez Peres & Meres (& principalement vous qui eftes Nobles) à ne forcer les volontez, & inclinations de vos Enfans, en chofe qui leur importe de leur Salut. Ne les contraignez point en vn genre de vie auftere : S'ils n'y font appellez de

Dieu, & qu'il vous apparroiſſe de
leur vocation, par vne perſeuerance,
auec ſuffiſant aage, porté par les con-
ciles & ordonnances, & diſcretion
pour faire de tels vœux: Auſquels
vous pouuez participer, & qui ſont
bien aggreables à Dieu, quand on
les rend & garde auec ſon aſſiſtance.

Noſtre Religieuſe eſt reçeuë à
preſenter ſes vœux, auant l'aage, la
diſcipline, & la capacité: Mais ſur
les quinze ou ſeize ans, on apperçoit
en elle vne ſoudaine & eſtrange mu-
tation en moins de huict iours: car
elle qui n'euſt ſçeu diſcerner l'vn des
Elements de l'Alfabet, la voila ſoudain deuenuë Clergeſſe, prompte
à lire, bien eſcrire, chanter ſon plain
chant & l'vne des bien-facondes, &
bien diſantes de tout le Couuent,
non ſans grande merueille de toutes
les autres, vers leſquelles elle deuint
iazarde, meſpriſante, & injurieuſe.
Meſmes quand elles la reprenoyent
de ce qu'elle eſtoit trop parée & at-
tifée, & trop aſſiduë à la lecture de

tous Liures traitans d'Amour lafcif.
Defquelles bonnes remonftrances
elle ne faifoit compte, ains auec fes
plus priuées elle vfoit de propos de
defbauche , fe vantant d'auoir re-
couuré depuis peu vn Amoureux
qui la venoit accompagner toutes
les nuiéts, qui luy auoit appris à bien
parler. Duquel propos les autres Religieufes ne peurent auoir l'intelli-
gence iufques à ce qu'elles en virent
les terribles effetz , qui furent tels,
que cefte mauuaife Fille pouffée
d'vn plus mauuais Efprit , mift ou
fift mettre le feu en l'vn des plus
beaux corps d'Hoftel de l'Abbaye,
& de logis en logis continuant de
rauager le refte des baftimens, iufques au Temple , ou toutes les Religieufes fe retirerent penfant y eftre à
fauueté, mais comme cefte mal'heu-
reufe incendiaire fortoit d'vn coing,
auffi toft la flamme y eftoit portée,
auec telle fureur qu'en moins de
rien, ce beau & fuperbe vaiffeau a-
uec fes Cloiftres , Chappitres , re-

fectoires, & dortoires adjacens, furent reduits en cendre.

Accident deplorable ! & fem-
blable à celuy que lamente Seneque
en vne Epiftre, ou il dit que la ville
de Lion auoit efté confommée par
feu en peu d'heures, & qu'entre vne
ville grande & nulle, il n'y auoit eu
qu'vne nuictée, de forte que ny la-
dite ville, lors n'y ce Monaftere,
n'ont eu autant de durée que ce pouuoit bien monter la vie d'vn Homme
naturel : & font contraintes ces pau-
ures & deuotes Filles efparfes çà &
là, de fe faire quefter pour la reftau-
ration de leur edifice, qui coufteroit
plus de cent mille Efcus fi on le vouloit faire approcher de ce qu'il e-
ftoit. Encore fi noftre enragée fe
fuft tenuë pour contente, mais elle
ne fut pas fi toft transferée en vn
autre couuent, que trois Religieufes
pafferent d'vne mort foudaine, Dont
la caufe incognuë fut imputée au
Demon dont elle fe vantoit, qui oc-
cafionna que ces Religieufes firent

prier fon alteffe de L'orraine, qu'il
luy pleuft les guarantir de cefte
pefte.

Ainfi fut elle renuoyée au chafteau de Vannes, chez le Pere &
Mere, qui ne le pouuoyent quafi
croire, & en reçeurent vn grand cre-
uecœur: Mais ces perfonnes ayans la
crainte de Dieu, viuemét empreinte
en l'Ame: ne pouuant auec feureté
de confcience, retirer au monde vne
profeffie: Ils refolurent de faire ba-
ftir en l'vne de leurs terres, fonder
& doter, vne petite Abbaye, & y
mettre leur fille auec quelques autres. Pour l'augmentation de laquelle, fadite alteffe promit mille
Liures barroifes, réuenans à vn tiers
moins que nos tournoifes,

Cependant le Pere & Mere pre-
noyent plus prés garde à leur fille, la
faifoyent coucher en vne chambre
proche de la leur, & luy donnoyent
quelques anciennes Damoyfelles
pour l'accópagner, qu'elle rejettoit
auec aigres injures, difant ne pou-

uoir repofer, fi elle n'eſtoit ſeule. Et
toutes les nuicts on l'oyoit parler,
ſans ſçauoir à qui, & vne voix mal ar-
ticulée qui luy reſpondoit d'aucunes
choſes, dont elle n'auoit l'intelli-
gence.

Ce qui eſmeut ce bon Gentil-
homme & ſa Femme, pour la ſur-
prendre, d'y entrer à l'impourueuë,
& la deſcouurir. Ou ils virent vn e-
ſtrange & hideux ſpectacle, ſoit vray
ou illuſoire. Vn monſtre en forme
d'vn ieune pourceau, ſe veautrant
ſur le ventre de Françoiſe: & comme
ils mettoyët les mains pour l'en oſter
ou chaſſer, la beſte ſe gliſſoit vers l'vn
& l'autre des flancs: puis en fin ſe
diſparoiſſoit, dont les aſſiſtans furent fort eſtonnez. Ceſte impudente
ne s'en fiſt que mocquer, iuſques à
recognoiſtre que c'eſtoit vn Demon
Amoureux, qui la venoit voir d'or-
dinaire, & luy conſeilloit de faire des
vengeances: deſquelles ils cognoi-
ſtroyët en bref de plus grandes mer-
ueilles: & que c'eſtoit peu de l'ac-

cointance qu'elle auoit auec ce Demon , veu qu'autres femmes , fes
femblables , faifoyent bien hom-
mage , en la partie plus fale d'vn
bouc puant.

Autant en confeffa Getrude de
Nazaret , pres Cologne : & furent
trouuées des miffiues, contenant les
falles amours de fon Demon &
d'elle.

Ainfi Ieanne Haruillier de Ver-
bery, confeffa que fa Mere à douze
ans , l'auoit offerte au Diable , en
forme d'homme noir, botté & efpe-
ronné , qu'il auoit ferui de fon corps
iufques à cinq ans : quelle s'eftoit
trouuée aux Sabbats , & affemblées,
apres s'eftre ointe d'vne certaine
greffe , quelle auoit : par forts , &
poudres, faict mourir plufieurs Hô-
mes & Animaux : ainfi la Religieufe,
dont faict mention Thomas Bra-
bantin , fut malgré elle poluë du
Diable , & n'en peut eftre deliurée,
que par le S. Sacrement de l'Autel:
Ainfi Iaquine de Rouigo porta long
temps

temps en son ventre vn esprit En-
gastrimithe surnommé le frisoté,
qui d'vne voix fraile, & cassée, re-
spondoit du ventre, des choses pas-
sées & presentes assez pertinémmét.
Mais des futures obscurement, par
le tesmoignage oculayre de Loys
Cælius, Liure 8. Cap. 10. de ses An-
tiques. Ainsi Magdaleine de la Croix
de Cordouë requist pardon, de ce
que depuis ce mesme aage iusques
à quarante deux ans, elle auoit cou-
ché ordinairement auec vn malin
esprit. Mais ceste derniere preuint
son supplice pour la penitence de
son horrible hypocrisie & brutalité,
la ou nostre miserable à procedé de
mal en pis, adioustant pour le com-
ble vn crime, auquel ceux qui ont
basty les Loix n'ont point estably
de supplice certain, ne pensans qui
s'en peust trouuer qui voulust s'y
precipiter.

Des affaires du goüuernement
de Toude, appellerent le Sieur de
Vannes à Paris & en Cour, ou il ne

penſoit qu'aller & auſſi toſt reuenir.
Ce fut la mal'hure qu'eſpia ceſte fu-
rie Infernale, qui ſortit de la chãbre
ſoubs ſilence de minuict, entra en cel
le de ſa Mere qui repoſoit en ſon
chaſte lict, ayant à ſon coſté le plus
ieune de ſes Enfans aagé de cinq à
ſix ans, & fit ſoudain ſon coup, de la
meſme façon que Katerine Darée
Femme d'vn Laboureur de Cœuures
pres Soiſſons, laquelle par l'inſtru-
ction du Diable, couppa la gorge à
deux filles, l'vne ſienne & l'autre à ſa
voiſine. Et ſçeut Françoiſe ſi viſte
choiſir la gorge de ceſte vertueuſe
Dame, qu'elle luy trancha le filet a-
uãt qu'elle euſt loyſir de rendre plus
d'vn ſeul cry. Auquel fut preſte vne
ancienne Damoiſelle, qui voyant ſa
maiſtreſſe toute en ſang, cria au ſe-
cours par la feneſtre, & ceux du cha-
ſteau accoururent, & entre autres le
Fils aiſné le principal heritier, euſt a-
cheué ſur le champ la vengeance de
ſa mere ſur cet infame parricide, s'il
n'euſt eſté retenu, afin d'auerer &

punir rigoureufement le fait par la voye de Iuftice.

Qui voudroit dignement expri-mer l'extrefme dueil du mary, jà non plus mary à fon prompt retour: Il fau droit faire comme le peintre qui ne pouuant bien reprefenter par deffus les autres la triftefle d'Agamemnon, au Sacrifice de fa fille Ifigene, ietta vn voile fur le vifage du dolent Pere. Ce ne fut pas fans s'accufer de luy-mefme: d'auoir ainfi laiffée feule fa femme, & fans defirer auoir expofé millesvies, pour celle auec laquelle il auoit paffé tāt de iours en grāde dou ceur & concorde conjugale: Mais en tous ces regrets, on peut dire de ce fage Cheualier, ce qui eft efcrit de Iob, qu'il n'à point oublié Dieu, ny murmuré: Car les afflictions fe doi-uent receuoir par les feruiteurs de Dieu, de la mefme main, & auec mef-me vifage: dont ils reçoiuent fes pro fperités, & benedictions.

Le procez à efté renuoyé à fon alteffe & à fon confeil: Qui en ayant

meurement deliberé, à Iugé ceſte
mal'heureuſe auoir bien deſſerui vn
extreſme ſupplice, & que le feu e-
ſtoit peu à vn paricide ſi ſignalé, &
abominable: Remettant toutesfois
au Pere, d'agrauer: ou alleguer la
peine. Ne voulant deshonorer vne
race ſi Noble, par vn public ſpectacle.

Reſolution fort difficile à prendre à vn Pere, s'il ne ſe fuſt ſurmon-
té luy-meſme: à l'exemple de ce vail-
lant Romain, qui pour la diſcipline
militaire, n'eſpargna ſon propre fils:
Mais qui pourroit deçeuoir le Diable, autheur de toutes tromperies,
deceptions, & piperies: La delibera-
tion n'eſt pas ſi toſt priſe de faire mou
rir la priſonniere, quelle en eſt aduer
tie par ſon Demon, lequel ne paſſoit
iour ou nuict, ſans la venir trouuer
entre quatre murailles, De ſorte
qu'elle dit à ceux qui luy apportoyét
ſes neceſſitez, que ſon Amy l'auoit
aduiſée de ne boyre ny manger, que
premier elle n'en euſt l'eſſay, & qu'el-

le ne vouloit pas mourir fans auoir
acheué la tragedie fur fon Pere &
Frere aifné & perfifta en ces propos,
quelque remonftrancesque des gens
d'Eglife luy penfent faire, de l'hor-
reur de fes crimes. Et quand on luy
objectoit qu'elle eftoit poffedée d'vn
Diable elle repliquoit qu'elle n'en
eftoit pas poffedée, ains accedée: ayant trouué ce mot pour les diuers ac-
cez, & violents interualles, qu'elle
en fouffroit iufques à ce qu'il vint vn
docte & pieux Theologien. du Col-
lege du pont Amouffon, lequel apres
plufieurs fatigues, obtint en fin cefte
grace de Dieu, de luy faire faire
Confeffion Auriculaire, puis pu-
blique, en la prefence de luy & autres : de fes pechez deteftables: & re-
noncer à toute alliance qu'elle auoit
euë auec l'ennemy de fon falut: re-
citant deuant tous, comme enuiron
l'aage de quinze ans, il l'auoit fe-
duite, luy apparoiffant la premiere
foys en homme blanc, & depuis en
diuerfes figures horribles : & le plus

fouuent en forme d'vn petit pourceau : abufant honteufement de fon
corps, luy affeurant de n'en deuenir
point enceinte , & luy promettant
bailler les moyens de brufler & em-
poifonner , pour joüir de fes appe-
tits : & fe venger. Eftants telles cu-
piditez, plus violentes aux femmes,
& faire encore pis qu'elle n'auoit
fait : iufques à ce qu'elle fuft venuë
à bout des vies de fes ennemys: nom-
mement fes Pere & Freres, & fe fen-
tant diminuer de fes forces natu-
relles, à requis, & reçeu le Sacremēt
de penitence : Qui jamais n'eft clos
à perfonne. Apres lequel, dans peu de
iours elle à efté trouuée morte, les
bras croifes, entre quatre murailles:
foit pour la fuftraction faite peu à
peu de fa iufte nourriture , ou par
lacq courant, ou par quelque arti-
fices d'odeurs, ou en quelque autre
façon : Car la certitude du genre de
fa mort , eft demeurée par deuers
quelques particuliers du Chafteau
qui en auoyent la charge d'en pour-

chasser l'execution de Iustice.

Les bons Iuges seront par là in-
struits, de suyure le commandement
de Dieu, qui veut au deuziesme du
Leuitique que ceux qui communic-
quent aux Diables, tous Sorciers
soyent exterminés : & ceux qui vont
à eux, aux Pythons, aux deuins, fai-
seurs d'Images de cyre, noüeurs d'Es-
guillette, Empoisonneurs, Impo-
steurs, & autres Enchanteurs, Char-
meurs & Magiciens & qui s'y fient:
dont il est grand foyson, qu'il faut punir de peynes capitales, & brusler
leurs Liures, selon les Loix Impe-
rialles.

Chacun bon Chrestien pourra
faire son profit de cest Exemple ve-
ritable, & baissant la teste mirer sa
foiblesse & ignorance, en la sagesse,
& misericorde de Dieu: Le suppliant
d'affection de nous deliurer du malin, & destourner de ses fidelles, les
traits de son Ire.

FIN.